Célébrons La Discrétion

Prasenjeet Kumar

Published by Publish With Prasen, 2018.

While every precaution has been taken in the preparation of this book, the publisher assumes no responsibility for errors or omissions, or for damages resulting from the use of the information contained herein.

CÉLÉBRONS LA DISCRÉTION

First edition. June 29, 2018.

Copyright © 2018 Prasenjeet Kumar.

Written by Prasenjeet Kumar.

Table des Matières

Lettre d'un révolutionnaire discret

CHER LECTEUR,

Avant toute chose, je tiens à vous remercier d'avoir choisi ce livre parmi les millions disponibles et d'investir votre temps précieux dans sa lecture.

Ce livre a été écrit afin de rendre hommage aux caractéristiques uniques des personnes discrètes, introverties et particulièrement sensibles.

Vous pouvez vous demander pourquoi quelqu'un voudrait consacrer un livre à de telles personnes.

Les personnes introverties et particulièrement sensibles se trouvent bien souvent dans une position désavantageuse dans notre société. Leurs parents, leurs professeurs, leurs collègues et leurs employeurs se demandent pourquoi elles ne s'affirment pas plus, pourquoi elles ne sont pas plus ouvertes, pourquoi elles sont si peu sociables, tellement timides ou effacées. On leur reproche de ne pas avoir l'esprit d'équipe. Les brutes (aussi bien à l'école qu'au travail) voient en elles des cibles faciles.

Personne ne devrait pourtant croire que les introvertis sont faibles. Après tout, de nombreuses personnalités dont Abraham Lincoln, Albert Einstein, Walt Disney et même J.K. Rowling faisaient et font partie des introvertis.

La lecture de nombreux livres de psychologie (notamment *Quiet : the power of introverts in a world that can't stop talking* de Susan Cain) m'a aidé à prendre conscience de mon propre potentiel et de pouvoirs (ou je pourrais dire supers pouvoirs) dont j'ignorais l'existence il y a encore quelques années.

La série du Phoenix Silencieux est le résultat de ce travail d'introspection. Tout comme le phœnix peut renaître de ses cendres, les introvertis ont la capacité de se relever de toutes les situations difficiles.

Résumons tout ceci par une formule :

La discrétion (des personnes introverties ou hautement sensibles)

+

Le phœnix (la capacité à renaître de ses cendres)

=

Le phœnix silencieux

Ce livre contient 8 histoires courtes en lien avec le thème du Phoenix Silencieux. J'ai essayé de les rendre aussi intéressantes et lisibles que possible. Mon objectif avec cette série de livres et de ne PAS tomber dans le piège de la lourdeur des ouvrages de psychologie.

Je m'excuse donc si vous vous attendiez à un recueil de jargon pseudo-psychologique qui vous prend de haut.

Toutes ces histoires sont de profondes sources de motivation et d'inspiration. Elles nous racontent comment des introvertis célèbres ont réussi à vaincre les défis les plus difficiles grâce à une volonté de fer. Plus que tout, ces histoires nous rappellent l'importance du travail accompli avec ardeur, de la persistance, de la discipline et d'une vision ou d'une imagination riche que communes aux personnes discrètes.

J'espère sincèrement que ces histoires vous donneront le courage réaliser vos rêves et vos ambitions, peu importe que ceux-ci vous démarquent des autres.

Je vous souhaite la meilleure lecture possible !

I : Les introvertis sont-ils moins performants ?

DANS LA PLUPART DES sociétés, à l'Ouest comme à l'Est, l'extraversion est considérée comme l'attitude idéale. Les personnalités « à succès » sont celles qui osent, qui s'affirment, peuvent occuper le devant de la scène et qui sont extrêmement sympathiques.

Les introvertis sont bien souvent incompris. À la maison, leurs parents s'inquiètent de voir leur enfant passer tant de temps seul à rêvasser tandis que le monde réel se fonde sur la sociabilité et les réseaux relationnels. À l'école, les professeurs supposent qu'un enfant qui hésite à répondre à une question doit souffrir d'un handicap social ou d'un trouble d'apprentissage. Au travail, on considère que les introvertis n'ont pas l'esprit d'équipe et manquent d'enthousiasme et d'initiative.

Dans cette partie, je vous présente quelques histoires courtes pour mettre un terme à ce mythe et insister sur le fait que les introvertis sont dotés de qualités telles que la persistance, l'amour du travail accompli avec ardeur, la créativité, l'autodiscipline, la capacité d'apprendre par soi-même, une intelligence émotionnelle forte et une imagination riche.

Pouvez-vous croire que certaines des personnalités les plus célèbres sont introverties ? Lisez les quelques pages qui suivent pour en apprendre plus à ce sujet.

L'histoire vraie d'une introvertie qui a connu un succès phénoménal grâce à une imagination débordante

JOANNE AIMAIT LIRE des livres de fantasy lorsqu'elle était enfant ; elle s'était d'ailleurs essayée à l'écriture de nouvelles. Comme toute introvertie, elle jouissait d'une imagination très riche. Les sorciers, la magie et la sorcellerie faisaient partie intégrale de son monde. Elle pensait pouvoir devenir écrivain, mais elle venait d'un milieu défavorisé. Ses parents souhaitaient la voir suivre un apprentissage qui lui garantirait la sécurité d'un véritable métier dans le vrai monde.

« Ton imagination hyperactive est parfaite pour amuser la galerie, mais ce n'est pas suffisant pour payer une hypothèque ou assurer ta retraite, ma petite fille », lui disaient ses parents.

Les parents de Joanne étaient réalistes ; il n'y a après tout rien de noble à vivre dans la pauvreté.

Joanne adorait son monde fantastique. Cet univers était une partie d'elle-même. Lui tourner le dos fut aussi traumatisant que de dire adieu à un être cher.

À l'université, les parents de Joanne voulaient que leur fille obtienne un diplôme « utile » tandis qu'elle souhaitait étudier la littérature anglaise. Joanne ne voulait pas contrarier ses parents et accepta d'étudier les langues modernes. Toutefois, au dernier moment, elle s'inscrivit à un cours de littérature classique sans les en informer.

La vie à l'université la plongea dans un monde complètement différent. Un monde où les étudiants étaient occupés à suivre des cours, des séminaires et préparer des travaux dirigés. Certains s'inquiétaient pour leur avenir après l'obtention de leur diplôme. D'autres se contentaient de faire la fête et de s'amuser. Mais Joanne passait la majorité de son temps dans les cafés à écrire ses histoires, parfois au détriment de ses cours. Elle réussit ses examens grâce à beaucoup de chance.

Âgée d'une vingtaine d'années, elle trouva un emploi de secrétaire avant de se marier et d'avoir une petite fille. Lors de ses pauses, au moment du déjeuner, son amour de l'écriture ne la laissait pas tranquille. Ses employeurs remarquèrent qu'elle ne faisait pas attention à son travail ; elle perdit plusieurs emplois en raison de ce manque d'attention.

Malheureusement, le mariage de Joanne fut un échec. Son monde s'écroula autour d'elle. Il lui semblait qu'il n'y avait plus d'espoir. Elle se retrouvait misérablement seule après un très court mariage, sans emploi ; une mère célibataire qui devait assurer les besoins de sa fille tout en étant aussi pauvre qu'il était possible de l'être en Grande-Bretagne à l'ère moderne sans être à la rue. Les craintes que ses parents avaient nourries à son sujet et qu'elle avait fini par éprouver elle-même devenaient réalité. Elle avait le sentiment d'être le pire échec qui soit.

Joanne a même envisagé le suicide. Il lui semblait que le monde n'avait plus rien à lui offrir.

Néanmoins, l'existence de sa fille la ramena à la réalité. L'abandonner pour fuir le monde ne pouvait pas être la chose à faire.

Joanne décida de reprendre le contrôle de sa vie. L'absence de réussite lui enseigna des choses qu'elle ne soupçonnait pas sur elle-même. L'échec lui permit de réaliser sa vraie nature. Elle se découvrit une sécurité intérieure que ses diplômes n'auraient pas pu offrir. Joanne réalisa que sa volonté et sa discipline étaient plus fortes qu'elle ne les imaginait — des qualités classiques chez les introvertis. Elle avait aussi une vieille machine à écrire et une histoire à raconter au monde entier.

Joanne arrêta de croire qu'elle n'avait rien de mieux à faire que gagner sa vie grâce à un emploi ordinaire. Elle arrêta aussi de faire taire sa créativité qui était supposée être inutile dans le « vrai monde ».

Un jour, tandis qu'elle voyageait en train de Londres à Manchester, Joanne eut l'idée d'une histoire qui raconterait les aventures d'un garçon apprenti sorcier. Elle pensait que cela ferait une bonne histoire à raconter à sa fille le soir. Joanne n'avait sur elle qu'un crayon qui ne marchait pas et était trop timide pour en demander un aux autres voyageurs.

Ce n'est qu'après plusieurs années que Joanne commença la rédaction cette histoire, passant la plupart de ses journées dans un café. Les propriétaires n'appréciaient pas de voir leur cliente occuper une table toute la journée sans commander, mais Joanne ignorait leurs regards noirs et continuait d'écrire.

Quelques années plus tard, Joanne finit son manuscrit. Elle avait rédigé 700 pages à la main, puis les avait retranscrites par informatique. Il lui fallait maintenant envoyer ce manuscrit à des éditeurs potentiels.

« Les histoires pour enfants ne se vendent pas », lui disait-on sans détour. Elle essuyait refus après refus auprès de 12 éditeurs. Il aurait été très facile d'abandonner à ce stade. Joanne n'avait jamais eu aucun succès dans sa vie ; le sort semblait s'acharner contre elle.

Pourtant, Joanne persévéra et envoya son livre à un treizième éditeur.

Au bout d'un an, son histoire d'enfant sorcier trouva enfin un foyer chez Bloomsbury. Une maigre avance de 1500 $ lui fut accordée. Son éditeur lui conseilla de garder son emploi, les contes pour enfants n'étant pas assez rentables selon lui et ses confrères.

1000 copies du livre furent d'abord publiées, dont 500 furent directement distribuées chez les libraires. Aujourd'hui, ces 1000 exemplaires ont une valeur qui varie entre 16 000 et 25 000 dollars chacun. Au début de l'année 1998, la publication du livre fut mise aux enchères aux États-Unis. Scholastic Inc. Versa 105 000 $ à Joanne ; le livre fut publié sur le sol américain. L'argent gagné grâce aux ventes américaines permit à Joanne et à sa fille d'emménager dans une nouvelle maison.

Le livre attira des millions de fans à travers le monde, de toutes les cultures et nationalités, enfants comme adultes. Joanne devint la première personne à être milliardaire grâce à ses seuls livres.

En 2006, elle publia le septième et dernier tome d'une série qui s'écoula à plus de 400 millions d'exemplaires dans le monde entier. Ses livres ont été traduits dans 65 langues.

Vous l'avez deviné ; je parle de la célèbre J.K. Rowling. Son premier livre, une histoire d'enfant apprenti sorcier, s'appelait *Harry Potter à l'école des sorciers*. Aujourd'hui, la marque Harry Potter et la franchise de films qui s'y rattachent ont une valeur de plusieurs milliards de dollars.

Dans un article, J.K. Rowling remerciait son introversion pour la création de Harry Potter. Vous pouvez lire cet article (en anglais) ici : http://www.elle.com/life-love/introverted-women

Voilà de quoi vous faire réfléchir : saviez-vous que les introvertis sont supposés être plus persistants et patients que leurs homologues extravertis, surtout lorsque les choses se gâtent ?

Un étudiant taciturne parvient à vaincre ses collègues plus éloquents lors d'une plaidoirie

JOHN ÉTAIT UN JEUNE homme discret âgé de 17 ans ; il venait tout juste de terminer ses années de lycée. Son rêve était de devenir avocat.

À l'école, John était trop timide et hésitant pour participer aux débats, mais il adorait les regarder. Il se trouvait souvent surpris par l'éloquence de ses pairs qui pouvaient répondre immédiatement à n'importe quelle question ou qui parvenaient à défendre les positions les plus délicates avec grâce.

À l'inverse, John avait besoin de temps pour rassembler ses pensées. Il aimait pourtant la mise en scène théâtrale du tribunal et rêvait de se retrouver au centre l'attention. Ce fantasme le poussa à suivre un cursus juridique auprès de l'*University College London*(UCL), une des écoles de droit les plus prestigieuses du Royaume-Uni. John avait eu de bonnes notes au lycée et son raisonnement logique l'aida à réussir le LNAT (*Law National Aptitude Test, examen obligatoire pour être admis dans les universités britanniques qui proposent un cursus juridique*) avec aisance.

En entrant à l'UCL, John vit son rêve devenir réalité. L'université avait la réputation de produire d'excellents « playdoyeurs » qui terminaient régulièrement à la première place des compétitions de plaidoirie nationales et internationales. Ces exercices consistaient à reproduire un tribunal fictif dans lequel les étudiants devaient argumenter en faveur ou défaveur d'un client face à un faux juge.

Les étudiants étaient évalués selon leur éloquence, leur capacité à argumenter et surtout leur respect des règles du tribunal. Il fallait ainsi se référer au juge en employant les termes « *Your Lordship/Ladyship* » ou « *My Lord/Lady* », conformément à l'étiquette britannique plutôt que d'employer le pronom « vous » (le juge n'est pas un ami !).

La compétition de plaidoyer pour les débutants se tenait chaque année au début de la nouvelle session, afin de permettre aux nouveaux étudiants de se faire idée de son fonctionnement avant de tenter leur chance. John assista au dernier tour.

Quatre étudiants nerveux étaient en lice. Un vrai juge, qui exerçait dans un vrai tribunal de district, présidait cette cour fictive. Dire qu'il était sévère serait un euphémisme. Il posait toutes les questions possibles, bien souvent de manière incompréhensible. Il détruisait tous les arguments qui lui étaient présentés par des étudiants en droit raisonnablement compétents. Il obligeait certains étudiants à parler très vite, d'autres à bégayer. Pour John, cette expérience fut à la fois effrayante et excitante.

Une fois la compétition terminée et les vainqueurs annoncés, on demanda aux étudiants de première année de s'inscrire. Le formulaire d'inscription était accroché dans le hall principal de Bentham House, l'aile de l'université réservée aux étudiants en droit qui tient son nom de Jeremy Bentham, célèbre philosophe utilitariste, avocat et aussi fondateur de l'UCL.

John se dirigea lentement vers le hall. Certains étudiants paraissaient excités, d'autres nerveux. Une bataille avait lieu dans l'esprit de John.

« Je ne suis pas un bon orateur. Je mets du temps à réfléchir et je n'ai jamais pris part à un quelconque discours public. Je n'ai pas l'expérience nécessaire. »

« Attends, John. C'est l'occasion de te prouver que tu as tort. Tu es quelqu'un de logique. Pourquoi ne pas essayer ? »

« Et me ridiculiser devant tout le monde ? »

« Pourquoi penser ça ? Pourquoi penses-tu être incapable d'impressionner les juges et tes collègues ? Après tout, tu rêves souvent d'être au centre de l'attention. C'est peut-être ta chance. Ne sois pas un lâche ! »

« Je ne suis pas un lâche ! Et je t'ai suffisamment entendu. »

John prit son crayon et, les mains tremblantes, inscrivit son nom sur la liste. Cela étant fait, on lui remit une feuille sur laquelle figurait le dossier fictif qu'il lui faudrait plaider.

John saisit le papier et commença à lire, incrédule.

« Bill et Chris étaient de grands amis. Un soir, ils décidèrent de se rendre ensemble dans un pub, le Blue Ox. Chris demanda à Bill de le raccompagner chez lui, le jeune homme ayant une meilleure connaissance du trajet. Son ami accepta. Tandis qu'il conduisait, Bill se mit à voir des chats roses sur la route. De peur de les percuter, il finit par faire une embardée et rentra en collision avec une cloison qui séparait les deux voies. La voiture s'arrêta en plein milieu de la route. Chris en profita pour sortir du véhicule par la fenêtre, mais il souffrit de graves blessures. Un camion qui venait de la direction opposée ne put éviter la voiture accidentée, et un nouveau choc se produisit. Bill, lui aussi victime de blessures sévères, dut être emmené à l'hôpital. Chris choisit de poursuivre Bill pour conduite en état d'ivresse. Des dommages-intérêts lui furent accordés en première instance ; Bill souhaite faire appel de cette décision. »

John était supposé défendre Bill, le conducteur ivre.

« Cette affaire semble être jouée d'avance! » se dit John « Comment peut-on défendre un conducteur qui a bu et mis la vie de son ami en danger? »

John avait 15 jours pour préparer sa plaidoirie ; il lui faudrait présenter une esquisse de ses arguments aux juges la veille de l'audience fictive.

John voulait faire machine arrière, mais il était trop tard. Une voix dans sa tête vint lui suggérer :

« Tu dois croire en l'innocence de Bill avant d'essayer d'en convaincre les autres. »

Suivant ce conseil, John accepta le défi. Il pouvait entendre ses collègues se vanter de la facilité de leur affaire — ils représentaient Chris après tout, le pauvre garçon qui s'était cassé les doigts.

Chaque soir après ses cours, John se rendait à la bibliothèque où il passait des heures à étudier la jurisprudence. Rien ne semblait pouvoir appuyer son cas. Toutes les affaires maintenaient qu'un conducteur avait un « devoir d'assistance » envers son passager ; il en allait de sa responsabilité de s'assurer que son passager était en sécurité tout au long du trajet.

« Quels arguments puis-je trouver? » ne cessait de se demander John.

« Qu'il était acceptable de boire pour faire la fête, mais je vais avoir l'air d'un idiot ! »

« Un argument qui irait dans le sens de la politique publique...?

"Mes *Lords*, il est invraisemblable d'accorder des dommages-intérêts à Chris sans craindre de paralyser l'industrie de la bière et du whisky dont notre pays est si fier..."

"Qu'est-ce qui ne tourne pas rond chez toi ? C'est le pire argument que je n'ai jamais entendu !", se répondit John.

Les jours passaient et la frustration du jeune homme grandissait.

"Il doit bien y avoir un moyen d'y arriver", se disait-il pour se motiver.

Il ne restait qu'une journée avant la présentation des plaidoyers. L'argumentation des candidats devait être soumise aux juges par e-mail.

Oui, plusieurs juges ! Il s'agissait d'un faux procès devant une cour d'appel ; ce qui signifiait qu'il y aurait trois juges pour présider.

Trois juges ! John tremblait à l'idée d'en affronter un seul ; il lui fallait maintenant envisager que trois juges allaient le harceler de questions et le ridiculiser.

Comme à son habitude, John réfléchissait à son affaire à la bibliothèque. Il était épuisé, mais refusait d'abandonner. Au cours des 14 derniers jours, il avait lu énormément, beaucoup plus que ses adversaires.

John se leva de sa chaise pour prendre un autre recueil de jurisprudence. Un livre tomba sur le sol. Lorsqu'il se pencha pour le ramasser, il remarqua qu'une des affaires dont l'ouvrage traitait touchait au domaine qui l'intéressait.

Le jeune homme commença à lire avec curiosité ; il sentait ses yeux s'éveiller.

"Peut-être que ce cas pourrait m'aider, mais je ne n'en suis pas certain."

John relit une nouvelle fois l'énoncé du cas fictif qu'il devait défendre. Il fut surpris de découvrir un élément qu'il avait complètement écarté. Un élément qui pourrait donner raison à son client.

John retourna à son siège et commença à rédiger son argumentation. Une heure lui suffit, et il se dépêcha d'envoyer son travail aux juges depuis un ordinateur de la bibliothèque.

Il se dépêcha de retourner dans sa chambre universitaire. Il lui fallait maintenant préparer le discours qu'il allait présenter. Sa peur de parler en public revint le hanter.

"Je ne suis pas aussi éloquent que les autres étudiants", se dit-il, rongé par le doute.

John savait cependant qu'il avait deux avantages pour lui : la préparation et l'ardeur, qu'il exerçait sans difficulté. Il revint à sa chambre vers 20 h 30. Il devait préparer son discours.

John commença par mettre tous ses arguments sur papier. Puis, face à un miroir, il répéta à la manière d'un acteur.

Au début, il se sentit mal à l'aise. Parler à soi-même devant un miroir n'est pas une expérience particulièrement plaisante.

"Q-q-q-qu'il plaise à *Your Lordships...*", bégaya John.

Il n'aimait pas le son de sa voix, qui était loin d'être parfait. John se rendit compte qu'il était nerveux et trop hésitant. Il ne pouvait pas donner cette impression aux juges de la cour d'appel.

Il persista. Avec chaque effort, sa voix s'améliorait et gagnait en confiance. Il répéta ses arguments de nombreuses fois, jusqu'à les avoir mémorisés. Il ne cessait d'améliorer sa présentation jusqu'à ce qu'il en soit satisfait. Fatigué et surmené, il s'écroula finalement dans son lit à 2 h 30 du matin. La journée à venir allait être très longue pour lui.

La séance de plaidoyer devait commencer à 19 h. John s'y rendit vers 17 h 30, vêtu d'un costume noir et d'une cravate rouge. C'était la deuxième fois qu'il mettait les pieds dans la salle du faux tribunal.

La pièce lui semblait magnifique ; on aurait dit un vrai tribunal avec ses sièges en cuir rouge-brun, ses panneaux en bois et ses chandeliers suspendus au plafond. L'estrade sur laquelle devaient se tenir les juges était suffisamment élevée pour donner l'impression que les magistrats se trouvaient au-dessus du reste de la cour qu'ils présidaient avec dédain.

Lentement, la salle se remplissait de monde. Les adversaires de John arrivèrent, ainsi que le greffe du tribunal. Chacun prit sa place et s'occupait à organiser ses papiers. Les juges pénétrèrent dans la pièce à 19 h précises. Tout le monde se redressa tandis que le greffe demandait de se lever.

Les juges commencèrent avec le plaidant, représenté par un collègue de John. L'ennui était pleinement visible sur leurs visages. John était soulagé de ne pas avoir dû parler le premier. Son adversaire commença par se présenter ; John commença par rappeler brièvement les faits du dossier et du rôle de la loi avant de présenter ses arguments.

John avant parfaitement anticipé les arguments de son adversaire. Son confrère eut recours à l'argument standard du "devoir d'assistance" en vertu duquel Bill était responsable de la sécurité de Chris ; les blessures dont ce dernier souffrait résultaient de la négligence du conducteur vis-à-vis de ses obligations.

Les juges hochaient la tête en signe d'approbation. Le collègue de John n'avait eu aucune difficulté à démontrer la simplicité du dossier.

Il incombait désormais à John de faire douter les juges. Le jeune homme se leva, la gorge serrée.

"*My Lords*, mon client Bill ne peut être tenu de verser des dommages-intérêt. En effet, le client de mon confrère, Chris, a souffert de graves blessures parce qu'il a décidé de sauter hors de la voiture dans la panique. S'il n'avait pas fait ce choix, il n'aurait pas subi de telles blessures."

"M. John, avez-vous oublié que Chris n'a fait qu'anticiper la collision entre le camion et la voiture dans laquelle il se trouvait?", répondit sèchement l'un des juges.

"*Your Lordships* ont raison, mais les faits ne disent pas que Chris s'attendait à une nouvelle collision. En réalité, la voiture venait de s'arrêter au milieu de la route. Il n'est pas démontré que Chris avait perçu un danger imminent avant de réagir dans la panique. Cela signifie que Chris aurait pu éviter ces blessures s'il n'avait pas paniqué et sauté par la fenêtre", persista John.

Les juges regardèrent à nouveau les faits. Ils semblaient interloqués.

"M. John, votre argument reste faible. Chris a subi des blessures graves en raison de la négligence de votre client. Chris a agi avec prudence et raison en choisissant de prendre des risques pour éviter la collision", dit l'un des juges.

Johan comprit à cet instant pourquoi les juges hésitaient tant à accepter ses arguments. Aucun système juridique ne pouvait se permettre de traiter les affaires d'ivresse au volant avec légèreté. John choisit une approche différente.

"*My Lords,* Chris et mon client étaient bons amis. Ils se sont rendus ensemble au pub. Cela signifie que Chris savait pertinemment que mon client pouvait être ivre, et pourtant il a accepté de monter en voiture avec lui."

Les juges et les opposants de John l'écoutaient attentivement.

"M. John, qu'essayez-vous de prouver?" demanda l'un des magistrats.

"Cela démontre que le client de mon confrère n'agissait pas de manière responsable. Il a d'abord bu de l'alcool avec mon client avant d'accepter de monter en voiture avec ce dernier tout en sachant qu'il était ivre. Le plaidant est seul responsable d'avoir mis sa propre vie en danger."

"M. John, avez-vous le moindre précédent qui puisse supporter votre argumentation?" Les juges souhaitaient mettre un terme à la discussion.

John leur tendit une copie du jugement et leur demanda de se rendre à la page six. Les juges ajustèrent leurs lunettes.

"*Your Lordships* souhaiteraient-ils un résumé de l'affaire?"

"S'il vous plait" répondirent les magistrats.

"Dans cette affaire, un homme avait accepté de monter dans l'avion d'un pilote qu'il savait ivre. Peu après le décollage, l'avion s'écrasa et le pilote fut tué. L'homme fut gravement blessé, mais il décida de poursuivre le pilote décédé. Ses demandes furent rejetées parce que le passager avait connaissance de l'état d'ébriété du pilote. De ce fait, l'homme avait pleinement accepté les risques de blessures qu'il encourait. Aucune négligence n'a été reprochée au pilote, *my Lords*.", dit John.

"*My Lords,* les faits de notre affaire ne diffèrent pas de manière significative de ce cas. La même règle devrait donc s'appliquer."

Les juges regardèrent le document avant de se retourner vers John, l'air surpris.

"Très bien, M.John. Nous avons maintenant besoin de temps pour débattre. La séance est levée.", annoncèrent les juges avant de se retirer.

L'excitation était à son comble. Qui allait gagner et qui allait perdre ce soir-là ?

Les magistrats revinrent dans le tribunal après 10 minutes.

"Après avoir attentivement écouté les arguments de chaque partie, et en nous référant strictement à la loi, nous avons décidé que Bill n'était PAS négligent." Les juges venaient de prononcer leur verdict.

Le visage de John s'illumina. Son adversaire semblait surpris et navré.

Dans leur appréciation, les juges dirent à John qu'ils n'avaient pas vu de si bon candidat depuis longtemps. La préparation minutieuse et l'ardeur du jeune homme avaient visiblement payé. Il avait pris le temps de se renseigner longuement sur son sujet et avait anticipé tous les arguments de son adversaire.

Un étudiant timide et taciturne venait d'utiliser les dons de son introversion (une préparation extensive) pour gagner une compétition de plaidoirie.

"Tout le monde peut atteindre pleinement son potentiel ; qui nous sommes est peut-être prédéterminé, mais nous seuls choisissons le chemin que nous suivons. Nous ne devrions jamais laisser nos peurs ou les attentes des autres faire obstacle à notre destin. Vous ne pouvez pas changer votre destin, mais vous pouvez le défier..."

– Martin Heidegger

(Cette histoire vraie repose sur ma propre expérience de la plaidoirie à l'UCL où j'ai eu le privilège d'étudier le droit de 2005 à 2008 jusqu'à l'obtention de ma licence [LLB] avec mention.)

Abraham Lincoln s'est servi de son introversion pour devenir le plus grand leader de tous les temps

LES EXPERTS DU MANAGEMENT d'entreprise se plaisent à enseigner qu'un bon dirigeant doit savoir oser, être convaincant, charismatique et prêt à taper du poing sur la table — être le genre de personne qui sait attirer les foules. Une fausse idée très répandue veut que les introvertis, qui parlent lentement, sont épuisés par les réunions et travaillent tranquillement, ne puissent pas être de bons leaders.

L'histoire nous prouve le contraire. Les introvertis ont des qualités qu'ils savent très bien utiliser et qui peuvent les rendre tout aussi efficaces, voire plus, que leurs confrères extravertis.

Abraham Lincoln est un des meilleurs exemples qui soient du talent des introvertis à utiliser leurs forces.

Lincoln était né dans la plus grande pauvreté. Son père pouvait à peine lire et écrire, sa mère s'en sortait tout juste mieux. C'est elle qui apprit à son fils comment lire et écrire.

Lincoln connut tragédie après tragédie. Sa mère mourut de la maladie du lait (une maladie fréquente au 19ème siècle en Amérique, due à l'empoisonnement du lait suite à l'absorption de renoncule scélérate par les vaches) alors qu'il n'était qu'un enfant. Son frère et sa sœur disparurent aussi tandis qu'il était encore jeune.

On dit que les introvertis sont programmés pour être plus persistants que les extravertis ; Lincoln en était le parfait exemple. Les récits de ses échecs sont connus et souvent utilisés pour motiver ceux qui perdent espoir. Lincoln a perdu son emploi, a tenté vainement à deux reprises de créer sa propre entreprise, a perdu les élections huit fois, a été déclaré en faillite personnelle puis est devenu débiteur d'une dette qu'il aura mis 17 ans à rembourser, a fini par être victime d'une dépression nerveuse et s'est retrouvé coincé au lit pendant 6 mois. Sans oublier qu'il a dû apprendre à vivre après avoir perdu la femme qu'il aimait (Anne Rutledge).

La liste de ses échecs ne s'arrête pas là et s'il me fallait tous les citer, je suis certain que je manquerais de pages. La plus grande leçon que l'on peut retenir est qu'Abraham Lincoln n'a jamais baissé les bras. Il aurait pourtant pu se considérer malchanceux ou destiné à échouer.

Mais Lincoln ne s'est pas laissé dominer par son destin ; il a au contraire suivi son propre chemin et fait ce qu'il fallait pour devenir le plus grand président que les États-Unis ont connu.

Lincoln avait pour lui davantage que cette force de persévérance. Il était de nature humble et modeste. Depuis sa jeunesse, on le décrivait comme étant facile à vivre, souriant, tendre et chaleureux, simple et sincère, pure — des qualités que présentent naturellement de nombreux introvertis.

Lincoln était un homme dont « *la supériorité n'offensait pas* », comme l'a écrit Ralph Waldo Emerson. En d'autres mots, Lincoln n'agissait pas de manière autoritaire et arrogante, et il avait de la considération pour ses pairs. Schuyler Colfax, président de la Chambre des Représentants, avait d'ailleurs remarqué, « *Aucun homme investi d'un tel pouvoir ne l'a jamais utilisé plus tendrement et avec autant d'indulgence* ». Avec sa personnalité si modeste, Lincoln pouvait convaincre n'importe qui : amis comme ennemis, alliés comme adversaires, et surtout les gens du peuple.

Lincoln savait également faire preuve d'empathie et de compassion. Certains ont pu dire que son enfance difficile l'avait rendu plus sensible. Il est vrai que Lincoln, comme tout le monde, a traversé des périodes de dépression sévère, mais il parvenait à transformer ses sentiments en compassion et en amour pour les autres.

Pendant la guerre, il effectuait de longs voyages pour rencontrer les soldats sur les champs de bataille. Il gagna ainsi le respect et le support inconditionnel des soldats qui avaient le sentiment que quelqu'un reconnaissait enfin leur contribution et leur sacrifice. Un soldat écrivit dans une lettre à sa famille ; « *Le sourire chaleureux de Lincoln était un reflet de sa nature honnête et gentille, mais sous cette apparence... sa bienveillance ne faisait aucun doute.* »

Malgré l'amertume ambiante, Lincoln n'a jamais dénigré les sudistes pour avoir pratiqué l'esclavage, chose à laquelle il était pourtant opposé. La célèbre citation « *Ils (les sudistes) font exactement ce que nous ferions si nous étions à leur place. Si l'esclavage n'existait pas chez eux à l'heure actuelle, ils ne le créeraient pas. S'il existait chez nous, nous ne l'abandonnerions pas immédiatement* » est un exemple de l'empathie qu'il éprouvait pour les gens du sud.

Un bon leader doit donc savoir faire preuve d'empathie envers ses employés, ses pairs et ses adversaires s'il souhaite connaître le succès.

Les introvertis aiment apprendre d'eux-mêmes ; Lincoln n'échappait pas à la règle. Il était son propre professeur. Né dans la pauvreté, son éducation scolaire n'a été que très sommaire, ce qui ne l'a pas empêché d'acquérir des connaissances. Les autres enfants s'entraînaient à écrire sur des feuilles de papier, mais il n'y en avait pas dans la maison d'Abraham. Il s'entraînait donc à écrire et à calculer en écrivant sur le dos d'une cuillère en bois, en utilisant un morceau de charbon.

Lincoln parvint à maîtriser la grammaire, l'orthographe et l'expression par lui-même. Il apprit seul également les mathématiques, y compris la géométrie et la trigonométrie. Il s'entraînait à parler en public devant ses amis et étudiait assidument les œuvres de Shakespeare. Un jour, il dit même à un de ses étudiants « *Gardez toujours à l'esprit que votre détermination à réussir est plus importante que tout.* »

Lorsqu'il était avocat, Lincoln avait l'habitude rencontrer ses amis le soir pour se livrer à des compétitions au cours desquelles chacun mesurait ses talents de conteur d'histoires. Il s'instruisit également sur les professions de marin, marchand, clerc, postier, enquêteur et avocat de province avant d'être élu membre du Congrès alors qu'il n'avait pas 40 ans. On le décrivait comme un avocat autodidacte qui lisait et relisait les commentaires de Blackstone jusqu'à en avoir compris l'entière signification.

L'auteure Jennifer Kahnweiler va même jusqu'à appeler Lincoln un « intello » — quelqu'un qui possédait des connaissances approfondies sur de nombreux sujets. Il était l'avocat le plus demandé en Illinois en matière de propriété intellectuelle. Ses capacités analytiques lors des élections — sur les tendances, les habitudes et les prédictions — étaient reconnues.

Il n'est donc pas étonnant qu'Abraham Lincoln fût l'un des plus grands présidents au monde. Si vous devez vous-même endosser le rôle de dirigeant, veillez à être discipliné et à toujours apprendre. Encore une fois, ce sont des choses pour lesquelles les introvertis ont un talent naturel.

On considère que les introvertis sont plus réceptifs aux idées nouvelles. Facilement approchables, on les considère plus ouverts à l'écoute et la mise en pratique des suggestions qui leur sont faites que les extravertis qui restent campés sur leur position. Cela était vrai pour Abraham Lincoln.

On voyait en lui un maître capable d'écouter les positions conflictuelles et les arguments de son opposition. Les gens étaient libres de ne pas être d'accord avec lui sans attirer la moindre forme de représailles. Lincoln encourageait le dialogue, chose nécessaire durant la guerre civile. Les dirigeants peuvent donc s'inspirer du comportement de Lincoln tandis que les introvertis peuvent travailler sur leurs qualités et être inspirés par lui.

Abraham Lincoln était passionné par son travail. Il avait une vision claire des choses. Il croyait sincèrement qu'il avait quelque chose à accomplir. « *On dit que chaque homme a une ambition qui lui est propre,* » écrivit-il. « *Je n'en ai pas d'autres que d'avoir l'estime de mes pairs, en faisant ce qu'il faut pour la mériter.* »

Lincoln était motivé par ce principe et par la passion qu'il éprouvait pour son travail plutôt que par l'envie de montrer le pouvoir dont il jouissait en tant que président des États-Unis. Toute sa vie, il s'est battu pour faire disparaître l'esclavage de son pays une bonne fois pour toutes. Lincoln est parvenu à convaincre les autres parce qu'il croyait lui-même en la noblesse de sa cause. Il ne courrait pas après l'argent ou le pouvoir.

« *Ses discours allaient droit au cœur de son audience parce qu'ils venaient de son propre cœur* », a dit Horace White. La compassion qu'éprouvait Lincoln pour les autres en faisait un dirigeant bienveillant. Comme Lincoln, les introvertis sont plus performants si un sujet leur tient à cœur — beaucoup plus que si une promesse de pouvoir ou d'argent leur a été faite.

La théorie du management d'entreprise critique souvent les introvertis pour leur lenteur à prendre des décisions ou pour leur habitude à trop réfléchir avant d'agir. Mais Lincoln était lui aussi un grand penseur. Il ne se hâtait jamais à prendre une décision. Il croyait sincèrement que « *pour qu'un homme rejoigne votre cause, vous devez d'abord toucher son cœur, chemin le plus noble pour atteindre sa raison* ». Il passait du temps à raconter des histoires pour adoucir les sentiments et apaiser les craintes. Lincoln agissait selon sa conscience. C'est pour cela que le public avait un lien si profond avec lui.

« *Le fait que certains puissent connaître de grands succès est la preuve que tous peuvent y parvenir.* »

– Abraham Lincoln

II : Faire face aux tyrans avec calme

LES TYRANS PEUVENT se présenter sous toutes les formes et toutes les tailles. Leur terrain de jeu ne se limite pas à l'école ; on les rencontre au travail, dans les relations entre conjoints, parmi nos « amis » ; en réalité, ils sont partout. On dit souvent que les tyrans s'en prennent aux personnes discrètes parce que ces dernières n'ont pas le courage de leur répondre.

Il est possible de gérer cette brutalité en répondant de manière tout aussi agressive. Je vais néanmoins vous présenter quelques exemples dans lesquels deux introvertis n'ont pas eu recours à l'agression pour pacifier les tyrans qui s'en prenaient à eux.

Au contraire, ils ont su trouver de la force dans leur personnalité calme.

Un stagiaire confronte son chef tyrannique dans le monde des avocats d'affaires

PK ÉTAIT UN JEUNE ASSOCIÉ au sein d'un cabinet d'avocats d'affaires à Delhi. Discret et appliqué, il ne manquait pas d'enthousiasme. Son travail était toujours d'excellente qualité et nombre de ses collègues et supérieurs appréciaient son sens de l'éthique professionnelle.

Un jour, il dut assister M. Cheval Noir, un des associés principaux — techniquement son supérieur — qui arrivait des bureaux de Mumbai pour travailler sur un projet de transaction commerciale.

M. Cheval Noir mesurait environ 1m80 et portait d'imposantes lunettes à la monture argentée. Ses bras et ses jambes sans forme étaient un gage de son manque d'intérêt pour tout ce qui relevait du sport. Son bas-ventre développé était visible chaque fois qu'il mettait un t-shirt serré le samedi, jour de la semaine où la plupart des membres du cabinet s'habillaient de façon plus décontractée qu'à l'accoutumée. Il parlait toujours de son intention de s'inscrire dans un club de fitness, ce que son physique disproportionné ne manquait pas de contredire. Cheval Noir appréciait les gros chèques et les pizzas — en bref, tout le confort offert par le monde des affaires.

Au premier coup d'œil, Cheval Noir semblait être une personne douce, amicale et parfois drôle. Le jour de leur rencontre, il invita PK à déjeuner avec lui et paya l'addition.

« Le bureau couvrira les frais, ne t'inquiète pas ! », dit-il avec un sourire.

Cheval Noir profita du repas pour dire à PK qu'il était originaire de Delhi, où vivait toujours le reste de sa famille.

« Cela me fait du bien de revenir ici. Ma famille me manque terriblement. »

« Pourquoi ne travaillez-vous pas à Delhi ? » demanda PK.

« Huh... », répondit l'homme comme si la stupidité de la question était évidente. « Parce que les bureaux de Delhi ne font preuve d'aucun professionnalisme. La culture du travail n'existe pas ici. »

PK fut surpris par le ton de son interlocuteur. Après tout, Cheval Noir avait le droit d'avoir sa propre opinion, mais il n'appréciait pas la manière dont il dénigrait l'atmosphère des bureaux où il travaillait.

· · · ·

CHEVAL NOIR, PK ET un autre stagiaire qui venait de Mumbai passèrent les jours suivants à réviser des accords, assister à des réunions et préparer des rapports. PK aimait profiter de son temps libre le week-end, mais Cheval Noir insistait pour qu'il vienne travailler afin de terminer le travail en avance.

Quelque chose ne tournait pas rond : PK travaillait seul le week-end. Cheval Noir ne se montrait pas. Pk avait le sentiment d'être trop jeune pour demander où se trouvait son supérieur.

Peut-être était-il occupé par des réunions qui se déroulaient en dehors des bureaux ? Un jour, PK demanda au secrétariat si c'était le cas. La réponse fut négative ; Cheval Noir n'avait pas mis les pieds au cabinet. Cela ne pouvait signifier qu'une seule chose ; son chef prenait du bon temps auprès de ses proches pendant que PK travaillait péniblement même le week-end.

. . . .

CETTE PRATIQUE DEVINT la norme. Cheval Noir ne se montrait pas la plupart des jours. Lors des rendez-vous avec les clients, il était toujours en retard et n'avait absolument rien préparé. PK devait mener la discussion avec les quelques connaissances dont il disposait, mais qui restait limitées — il s'agissait après tout d'une affaire propre au cabinet de Mumbai. Lorsque le client demanda si son affaire pouvait poser problème d'un point de vue juridique, PK indiqua quelques éléments dont il était soucieux. Au final, aussi bien le client que Cheval Noir ne virent aucun problème à courir le risque de retombées judiciaires.

Cela n'empêcha pas Cheval Noir de s'en prendre à PK lors d'une réunion privée, face à l'autre stagiaire de Mumbai.

« Tu nous as vraiment embarrassés aujourd'hui. »

PK était choqué et confus.

« Pourquoi avoir parlé de ce problème à plusieurs reprises au cours du rendez-vous ? » relança Cheval Noir.

« Je croyais que ce problème devait être réglé pour procéder à la transaction commerciale », répondit PK.

« Tu aurais pu la fermer. Premier point : tu as parlé alors que ce n'était pas le moment, et deuxième point : tu ne t'es pas tu quand tu aurais dû. », reprit Cheval Noir avec véhémence.

PK resta silencieux, mais il se sentait découragé.

. . . .

CONTINUANT SON TRAVAIL sur la transaction, PK remarqua un jour une erreur dans l'un des documents qui précisait que « *l'Entreprise a connu une croissance -3 % au cours des 3 dernières années.* »

« Moins 3 %, comment cela est-il possible ? Est-ce qu'il s'agit d'une faute de frappe ou d'autre chose ? Et quelle est la faute, -3 % ou « croissance » ? s'interrogeait PK. En tant qu'avocat stagiaire, il était formé à détecter tous les problèmes potentiels, peu importe à quel point ils pouvaient sembler bêtes ou étranges.

« J'ai une question à vous poser, mais cela risque de vous sembler stupide... », lança-t-il à Cheval Noir qui était occupé à taper furieusement sur les touches de son clavier.

« Montre-moi le document », lui répondit Cheval Noir.

PK lui indiqua la ligne où se trouvait le -3 %.

« Oui, c'était une question stupide. Comment une croissance peut-elle être négative ? » Cheval Noir se remit à brutaliser son clavier.

Le temps d'un instant, PK crût que son supérieur plaisantait. Mais ce n'était pas le cas. Il était tout à fait sérieux.

Bien que découragé, PK continua. « J'ai d'autres problèmes à vous montrer. »

« Indique-les dans ton rapport et surligne-les, je regarderai plus tard. », lui répondit Cheval Noir.

Et c'est ce que PK fit, pour les 70 accords et documents que Cheval Noir lui avait fait réviser en quelques jours. Son rapport faisait presque 100 pages et relevait tous les problèmes qu'il avait pu remarquer jusqu'alors. PK envoya le document à son supérieur par e-mail.

Un silence complet s'ensuivit pendant près de 2 semaines. PK rappela à plusieurs reprises à Cheval Noir qu'il attendait une réponse à son rapport, en vain.

Chaque soir, PK transmettait le compte-rendu des réunions du jour par e-mail à toutes les personnes impliquées, y compris Cheval Noir, les clients, l'équipe de travail, l'autre partie, etc. À chaque fois, Cheval Noir prenait le temps de lui répondre pour lui reprocher une erreur de police ou de mise en forme sans importance. Il ne faisait toutefois aucun commentaire sur le contenu juridique.

PK sentait que son bonheur diminuait un peu plus au fil des jours.

« Peut-être que je fais trop d'erreurs pour exercer cette profession », pensait-il.

La plupart des jours, il recevait un appel de Cheval Noir pour l'informer de son absence. Quelques jours avant la complétion de la transaction, il appela PK pour une réunion en tête à tête après 18 h. Il ouvrit le rapport de 100 pages fait par PK qui mettait en avant les problèmes du dossier.

« CE SONT DES PROBLÈMES LÉGAUX SÉRIEUX QUI AURAIENT DÛ ÊTRE ÉVOQUÉS DEVANT LE CLIENT. POURQUOI N'AVONS-NOUS RIEN FAIT? POURQUOI NE M'EN AS-TU PAS PARLE AVANT? J'AI BESOIN D'UNE EXPLICATION. », hurla le supérieur.

PK était choqué.

« J'ai essayé de vous en parler, mais vous m'avez répondu que n'aviez pas le temps. C'est pour ça que vous m'avez dit de rédiger un rapport et de vous l'envoyer par e-mail », essaya-t-il d'expliquer.

« TU AS PASSÉ TON TEMPS À ME POSER LES QUESTIONS LES PLUS STUPIDES, MAIS TU AS IGNORÉ L'IMPORTANCE DES PROBLÈMES LES PLUS SÉRIEUX. TU AURAIS PU ÊTRE PLUS ACTIF. APPELER DIRECTEMENT LES DIRIGEANTS DE L'ENTREPRISE. JE NE VEUX PAS ENTENDRE D'AUTRES EXCUSES.

J'ATTENDAIS MIEUX DE TOI. », répondit Cheval Noir, toujours en hurlant.

PK se sentait très mal. Son supérieur le remarqua.

« Détends-toi ! On dirait que tu stresses facilement. Tu devrais peut-être faire du yoga », lui conseilla-t-il.

PK hocha la tête. Il n'y avait rien d'autre à dire.

Cheval Noir lui dit d'obtenir une copie des 100 pages du rapport. PK assis face à lui, il y apporta plusieurs changements avec un stylo rouge avant de donner l'ordre au jeune homme de rendre tous ces changements effectifs le soir-même et de lui faire parvenir les documents modifiés après minuit.

PK bouillonnait intérieurement. Pourquoi aurait-il dû sacrifier sa soirée pour accomplir un travail qui aurait pu être fait 15 jours plus tôt? Il se sentait angoissé, fatigué, déprimé et épuisé. Il avait besoin de faire une pause.

Il finit par demander à Cheval Noir s'il pouvait travailler depuis chez lui, parce qu'il se sentait mal. Avec un peu d'hésitation, et la crainte de devoir accomplir cette tâche ingrate lui-même, Cheval Noir finit par accepter à contrecœur.

Peu après, Cheval Noir recevait un appel de ses supérieurs de Mumbai qui lui reprocheraient d'avoir perdu son temps pendant plus d'une vingtaine de jours à Delhi et qui lui demandaient de rentrer immédiatement. Cheval Noir n'avait d'autres options que de prendre le premier vol.

Le matin suivant, lorsque PK arriva au bureau, M. Suceur de Sang, un autre associé principal du cabinet de Delhi, remarqua l'absence de Cheval Noir et en profita pour se décharger d'une partie de son travail sur PK, sans aucun rapport avec le dossier de transaction.

Vers midi, Cheval Noir appelait PK et insistait sur le fait qu'il lui fallait terminer son travail le jour-même. PK lui répondit que cela était impossible ; il devait travailler sur un dossier prioritaire pour le compte d'un associé de rang supérieur. Il prit d'ailleurs le temps de rédiger à e-mail pour expliquer à ce dernier les détails de sa situation.

Grave erreur de la part du jeune homme.

Cheval Noir le rappela aussitôt, hystérique. PK essaya vainement de lui expliquer qu'il s'agissait principalement d'un travail d'écriture, qui aurait pu être pris en charge par une secrétaire. PK commençait à perdre patience ; les bureaux de Mumbai le traitaient comme un esclave. Il décida de raccrocher et de mettre son téléphone en silencieux.

PK reçu un nouvel e-mail de la part de Cheval Noir. Le courriel était également adressé à leurs supérieurs des bureaux de Delhi et Mumbai.

« Je ne comprends pas, PK. Comme je te l'ai fait savoir plus tôt, tu dois revoir les textes que tu as toi-même préparés.

Nous étions supposés faire cela jeudi soir, mais tu m'as affirmé devoir rentrer chez toi. Je t'ai répondu que nous pourrions travailler le vendredi matin. Ce vendredi, tu étais absent pour maladie, ce qui est tout à fait excusable si tu étais réellement mal en point et c'est pourquoi je ne t'ai pas demandé de travailler jusqu'à ce que tu te sentes mieux. Le lundi midi, tu m'as affirmé pouvoir m'envoyer tes révisions le lendemain matin. Aujourd'hui je reçois ce mail. J'ai essayé de te joindre. Je t'ai laissé plusieurs messages hier soir pour te demander de me rappeler. Tu n'as pas pris la peine de me répondre. Je viens de t'avoir au téléphone et tu me réponds que tu n'as rien à ajouter qui ne soit pas dans ton e-mail? Tu n'es donc pas joignable.

Je ne comprends absolument rien à cette situation. Je te prie de me faire savoir quand je pourrais avoir tes révisions.

M. Cheval Noir »

PK était abasourdi. Cheval Noir avait fait remonter le problème en racontant les faits de manière assez frivole. Il ne savait pas s'il devait garder le silence ou donner sa version des faits. Dans tous les cas, il avait besoin de temps pour décider de la marche à suivre.

Il était déjà 19 h 30, et il décida de rentrer chez lui. Les membres de sa famille remarquèrent que quelque chose n'allait pas ; PK n'était pas lui-même.

« Qu'est-ce qui se passe? » lui demanda son père. PK était embarrassé et préféra ne rien dire. Il finit toutefois par ouvrir son ordinateur pour lui montrer l'e-mail.

« C'est ma faute. Mon boss croit que je suis un flâneur. »

Le père de PK sut immédiatement que le problème ne venait pas du travail de son fils. Tout reposait sur une question de pouvoir. Ayant été fonctionnaire pendant 30 ans, il savait comment certains dirigeants fonctionnaient.

« Mon fils, tu dois immédiatement répondre à cet e-mail. Dans toutes les bureaucraties, celui qui se plaint le premier a la voix la plus forte. Cheval Noir a pris les devants. C'est l'occasion de te défendre. Raconte ce que tu as vécu à tes supérieurs et dis-leur qui est le vrai coupable. »

PK n'en revenait pas. Son père tenait avec lui et ne lui reprochait pas d'avoir tout gâché.

« Mais je ne peux pas accuser Cheval Noir, ce n'est pas acceptable. On me reprochera de ne pas avoir l'esprit d'équipe. »

« Qui dit que tu mets tout sur le dos de ton boss? Tu donnes juste ta version des faits pour que tes supérieurs puissent avoir une vision complète de la situation. Si tu ne te bats pas pour tes droits, qui le fera? » répondit son père.

« Et si je perds mon emploi? »

« Si tu ne te bats pas, tu perdras certainement ton boulot. Tes supérieurs seront persuadés de ta culpabilité. Que tu es un flâneur. Ton boss est un vrai tyran. Tu dois comprendre que ces gens-là paraissent toujours forts, mais qu'ils sont en réalité faibles et superficiels. Ils survivent grâce à ta peur. Ne laisse jamais un tyran gagner. »

Bien qu'hésitant, PK écouta le conseil de son père. Il rédigea son e-mail, laissa passer une heure pour permettre aux choses de bien se tasser. Puis il relut son texte pour être sûr que celui-ci était professionnel et ne ressemblait pas à une simple attaque contre Cheval Noir avant de l'envoyer.

« Cher M. Cheval Noir,

Si vous vous souvenez bien, je vous ai envoyé mes notes il y a 15 jours. Malheureusement, vous n'avez pas eu le temps de les lire puisque vous n'avez pas pu venir travailler lors du Festival hindou de Ganesh Chaturhi (qui, il me semble, est une période de vacances à Mumbai contrairement à la pratique de nos bureaux de Delhi). Lorsque l'attentat du 7 septembre 2011 s'est produit, vous nous avez dit que le centre de Delhi était inaccessible et que nos bureaux de Delhi seront rapidement contraints de fermer aussi. Néanmoins, nous nous trouvions dans ces bureaux et continuions de travailler. De même, au cours de nombreuses occasions au cours desquelles nous travaillions, même les jours fériés (notamment le 28 août 2011), vous êtes resté injoignable pour toute discussion ou consultation. Vous m'aviez promis de lire et répondre à mes notes le jour-même de leur envoi. Je n'ai rien reçu de votre part. Ce jeudi, alors que vous deviez être prêt à me fournir vos commentaires, vous n'aviez pas commencé la lecture de mon rapport à 14 h. Nous avons donc perdu du temps.

Pendant ce temps, le lundi 12 septembre M. Suceur de sang (mon supérieur) me contactait pour que je m'occupe d'un autre dossier. Je vous ai informé que je ne serai donc pas capable de travailler pour vous en raison de cette nouvelle charge de travail. Vous avez néanmoins insisté, au point d'en devenir abusif. Je vous ai dit que j'allais faire de mon mieux pour vous faire parvenir mes révisions le mardi matin. Lorsque cela s'est avéré impossible, j'ai été obligé de vous informer de mon incapacité à terminer votre travail.

Cordialement,

PK »

PK sortit faire un jogging, ignorant ce qu'allaient être les répercussions de son courriel. Au bout de 30 minutes, il jeta un œil à sa boîte mail et découvrit une avalanche de courriers. Dans l'un d'eux, Cheval Noir essayait de se justifier et affirmait qu'il n'avait jamais voulu abuser de la situation.

« Vraiment ? » s'exclama PK.

Une associée de Cheval Noir — un de ses supérieurs hiérarchiques — envoya elle-même quelques courriels dans lesquels il demandait à Cheval Noir de se taire et ordonner aux deux parties d'arrêter de se rejeter la faute. PK fut surpris par cet e-mail.

Cette associée demandait également à PK de rentrer en contact avec elle, ce que fit le jeune homme, les mains tremblantes. Mais l'associée avait la gentillesse d'une fée. Elle écouta patiemment le récit de PK et lui dit de prendre son temps pour accomplir le travail qui restait à faire et le lui remettre directement, sans aucune pression, ce que PK fit avant de laisser cette mauvaise histoire derrière lui.

Le jeune homme avait néanmoins le sentiment que cette bonne fée avait déjà reçu des plaintes similaires à l'encontre de Cheval Noir. Les rumeurs affirmaient que nombre de ses subordonnés s'absentaient pour maladie de manière excessive. Les performances et la motivation de son équipe étaient en chute libre, pendant que lui s'évertuait à dénigrer l'incapacité des nouvelles recrues auprès de sa supérieure. Le comportement de Cheval Noir avait un impact négatif sur la performance et la rentabilité du Cabinet.

Après quelques semaines, tout le monde reçut un mail informant du départ de Cheval Noir « en quête de meilleures opportunités ». Chacun savait que dans le jargon du monde des affaires, cela signifiait qu'il avait été licencié.

Avec le recul, PK n'arrivait pas à croire qu'il avait eu le courage de faire face à un tel tyran. Son père était d'autant plus fier que son fils était parvenu à garder son calme malgré les circonstances et avait réussi à résoudre ce problème de manière pacifique.

« Si tu es horrible envers moi, j'écrirai une chanson sur toi, et tu n'aimeras pas ça. C'est comme ça que je fonctionne. »
- **Taylor Swift**

(Vous l'avez deviné ! C'est une histoire vraie dont le protagoniste n'est autre que moi-même, Prasenjeet Kumar ou PK.)

Une jeune fille discrète donne une bonne leçon à une brute à sa façon

SARA ÉTAIT UNE JEUNE fille calme âgée de 9 ans. Ses professeurs la considéraient comme quelqu'un de terriblement timide – trop timide pour être heureuse. Ses camarades de classe voyaient cette timidité comme de la naïveté ou un manque d'intelligence.

« Pourquoi Sara ne parle-t-elle pas? » s'interrogeait un élève.

« Peut-être qu'elle n'a tout simplement rien à dire », répondait une autre.

« Peut-être qu'elle est trop stupide pour pouvoir dire quoi que ce soit », rebondit un élève en riant bruyamment.

Les autres élèves voyaient Sara comme une page sur laquelle rien n'était écrit. Ils s'amusaient à l'appeler Miss Page Blanche.

La jeune fille était très sensible à ces commentaires méchants. Elle ne savait pas comment réagir au ridicule que lui imposaient ses camarades de classe. Lorsqu'elle trouva le courage de parler de cette situation à l'un de ses professeurs, elle reçut pour seule réponse que l'attitude des autres enfants venait du fait qu'elle n'avait pas d'amis et aucune capacité à se sociabiliser avec les autres. Le professeur lui conseilla de sortir un peu, apprendre à connaître ses camarades et se faire des amis.

Sara essaya cette solution, mais personne ne voulait jouer avec Miss Page Blanche. Les autres l'écartaient délibérément de tous les potins et de tous les groupes d'étude.

« Suis-je tellement nulle que personne ne veut jouer avec moi? » se demandait la jeune fille.

Déprimée et fatiguée d'essayer de plaire aux autres, Sara décida qu'il valait mieux marcher seul et être son propre meilleur ami. La solitude, que la société se plaît à appeler « l'isolement », offre la liberté et l'indépendance. La liberté d'être soi-même, pensait-elle.

Sara aimait lire des livres de fantasy dans son temps libre. Le caractère héroïque des héros la fascinait. Elle voulait être comme eux, et les élèves de sa classe ne ressemblaient en rien à ces personnages qui représentaient les amis idéaux qu'elle souhaitait avoir.

Sara avait un autre talent, dont elle ne soupçonnait pas l'existence. Son esprit introverti lui permettait de retenir d'importantes quantités d'informations — plus que ses camarades. Elle pouvait résoudre les problèmes de calcul les plus complexes dans sa tête.

La jeune fille était fascinée par les échecs. Elle avait appris à jouer à l'âge de 5 ans. Son père était un joueur avide et supportait sa fille. Il appréciait le fait que celle-ci soit différente, unique. Lorsqu'il réalisa que Sara était intéressée par les échecs, il prit plaisir à lui enseigner les règles du jeu.

Sara apprit à jouer sans les rois, les reines, les cavaliers et les tours ou les fous. Chaque joueur ne pouvait déplacer que ses pions pour gagner. La seule règle qui lui était imposée était de déplacer ses pions au-delà de la huitième ligne du plateau en contournant les obstacles pour gagner. Sara appréciait le défi intellectuel imposé par le jeu.

À l'âge de deux ans, la jeune fille aimait résoudre des puzzles complexes. À 4 ans, elle était capable de monter des structures en lego normalement réservées aux adolescents. À l'école, elle connaissait les drapeaux et les populations de tous les pays. Elle était dotée d'une mémoire formidable.

Tandis que ses camarades de classe étaient trop occupés à discuter des sujets les plus banaux, Sara lisait des livres sur les échecs tout en imaginant les pièces se déplacer dans son esprit. Elle pouvait passer des heures à lire ces livres, et ne s'arrêtait qu'une fois qu'elle avait parfaitement enregistré leurs stratégies.

Sara était parvenue à maîtriser l'histoire des échecs, les mouvements et les tactiques des plus grands joueurs. En quelques coups, elle pouvait déterminer si son opposant faisait un Adams-Huebner ou un Kasparov-Fischer, ou suivait n'importe quelle autre stratégie d'un grand maître. Elle connaissait même les points faibles de chaque stratégie et comment s'en arranger efficacement.

Un jour, un garçon qui se trouvait dans la même classe que Sara sortit un échiquier et mit tout le monde au défi de le battre. Il ne tarda pas à se trouver un adversaire. Sara observait le jeu en silence. Elle ne put s'empêcher de penser que les joueurs étaient de simples amateurs, comme des nouveau-nés qui apprenaient à marcher. Le garçon qui s'était proposé de relever le défi jouait très mal et commençait à s'énerver. La jeune fille vint à sa rescousse.

« Regarde un peu qui voilà », murmura le garçon avec sarcasme.

Sara lui offrit son aide et lui suggéra quelles pièces bouger, et dans quel ordre. Le garçon suivit ses conseils avec hésitation, mais il se retrouva en position de vaincre son adversaire en seulement quelques mouvements. La classe entière était choquée ; Miss Page Blanche venait de révéler son talent secret. Cela suffit à donner à Sara confiance en sa capacité à devenir elle-même maître d'échecs.

Elle prit la décision de s'inscrire au tournoi d'échecs organisé par son école. Aucun autre élève ne parvint à la vaincre. Elle aurait facilement pu enseigner le jeu alors qu'elle n'avait que 9 ans. Chaque victoire ne la rendait que plus populaire dans sa classe. Elle se trouvait au cœur de toutes les discussions, comme une légende vivante. Elle finit par gagner le championnat d'échecs, gagnant contre des élèves de quatre ans ses aînés. Personne n'était parvenu à la vaincre.

Sara devint rapidement l'héroïne de sa classe. Les brutes arrêtèrent de se moquer d'elle. Tout le monde voulait être son ami. Les fêtes d'anniversaire semblaient incomplètes sans elle. Son opinion dans les discussions de groupe comptait le plus, et même les garçons commençaient à s'intéresser à elle. Alors qu'elle n'était personne, Sara devint la personne dont on parlait le plus à l'école.

C'est ainsi que Sara parvint à faire taire ses détracteurs. Sa patience, sa persévérance et son courage d'avancer seule finirent par payer.

« Pour s'ouvrir à la créativité, il faut être capable d'utiliser sa solitude de manière constructive. Il faut vaincre la peur d'être seul. »

– Rollo May

(Cette histoire a été inspirée par Magnus Carlsen, grand maître d'échecs norvégien, joueur mondial n° 1 et Champion du monde d'échecs classiques, rapides et blitz. Son meilleur classement Elo est actuellement 2882.

Prodige des échecs, Carlsen est devenu grand maître en 2004 à 13 ans et 148 jours, devenant ainsi le deuxième grand maître le plus jeune de l'histoire. Le 1er janvier 2010, à l'âge de 19 ans et 32 jours, il est devenu le joueur d'échecs le plus jeune à atteindre le rang de n° 1 mondial. En novembre 2013, Carlsen a vaincu Viswanathan Anand au cours des Championnats du monde d'échecs, devenant ainsi le nouveau champion mondial, titre qu'il défendit en 2014 et conserva en gagnant à nouveau face à Anand).

Un enfant « discret et insipide » devient un scientiste immortel

AL ÉTAIT UN ENFANT calme, rêveur et lent, mais qui ne manquait pas d'assurance et de détermination. Son silence constitua néanmoins un problème durant son enfance. Il lui fallut du temps pour apprendre à parler ; tellement de temps que ses parents finirent par croire que leur fils souffrait de troubles de la parole et consultèrent un spécialiste. A l'âge de 7 ans, Al se parlait à lui-même. Ses amis, ses voisins et les membres de sa famille se demandaient s'il n'était pas simple d'esprit.

À l'école, Al éprouvait des difficultés à s'adapter aux méthodes d'enseignement conventionnelles. Il n'aimait pas le fait que le système scolaire favorisait un comportement reposant sur l'obédience et la discipline absolues. Il mettait du temps à répondre de manière « rapide et automatique », critère alors déterminant dans l'évaluation des élèves par les professeurs. Al n'a jamais été considéré comme un élève idéal ; au contraire, un enseignant alla jusqu'à lui dire qu'il ne ferait jamais rien de sa vie !

Cela n'empêcha pas le jeune garçon de se faire son propre monde. Al aimait la solitude. Son univers était rempli de chiffres et de notes de musique. Tandis que ses camarades s'amusaient, Al résolvait des problèmes d'arithmétique et jouait du violon. Certains psychologues se demandaient si le garçon était dyslexique, autiste, voire même schizophrène.

Al avait pourtant des dons uniques ; une envie d'apprendre par lui-même et une capacité incroyable à rester concentré. À l'âge de 12 ans, il était passionné par les problèmes d'arithmétique. Il croyait dur comme fer être capable d'apprendre la géométrie et l'algèbre tout seul, devançant ainsi le programme scolaire. Ses parents étaient le supportaient de tout cœur, et n'hésitèrent pas à lui acheter des livres d'étude qu'il parvenait à maîtriser pendant ses vacances. Non seulement Al apprenait les démonstrations rapportées dans les livres, mais il créait aussi ses propres théories. Il inventa sa propre démonstration du théorème de Pythagore.

À 15 ans, le jeune garçon pouvait résoudre les équations les plus complexes, qui posaient pourtant problème à ses professeurs. Il obtenait les meilleures notes. Pourtant, le corps enseignant voyait toujours en lui un élève qui brillait surtout de par sa capacité à travailler le moins possible.

Al avait une autre aptitude qui allait le rendre immortel : celle de penser par les images plutôt que les mots. Plutôt bizarre, peut-on penser !

Cela signifiait qu'Al pouvait réaliser des expériences visuelles dans son esprit plutôt que dans un laboratoire. Vous êtes-vous déjà imaginé en train de marcher le long d'un rayon de lumière? À quoi ressembleraient les ondes de lumière? Le rayon vous semblerait-il immobile si vous voyagiez à la vitesse de la lumière — un phénomène qui se produit lorsque deux trains voyagent à la même vitesse sur deux lignes parallèles et que vous vous trouvez assis dans l'un d'eux?

C'est exactement le genre de questions que se posait Al quand il avait 16 ans.

Entre autres, Al imaginait la foudre frapper les deux extrémités d'un même train. Comment percevrait-on la foudre en se tenant sur le quai? Verrait-on les éclairs frapper le train simultanément? Qu'en serait-il si nous étions assis dans le train?

Cette vision serait-elle toujours simultanée ? Probablement pas. Chaque éclair serait vu comme un événement indépendant.

Al développa ainsi la théorie selon laquelle la façon dont nous voyons les choses dépend de notre localisation et de nos mouvements ; toute perception est relative.

Une découverte scientifique révolutionnaire était sur le point d'être faite. Al réalisa que le temps n'avait rien d'absolu ; le temps est relatif. Son imagination hyperactive le mena à établir la théorie de la relativité.

Vous avez certainement reconnu qui est Al dans cette histoire ; il s'agit bien sûr du physicien Albert Einstein.

En 1921, Einstein reçut le Prix Nobel pour ses contributions à la physique théorique, spécialement pour sa découverte de la loi de l'effet photoélectrique.

Son travail sur les théories scientifiques, quantiques et sur la relativité ont une eu un impact profond sur notre vision de la science, mais aussi sur la philosophie et la moralité. Les scientifiques ont toujours beaucoup d'estime pour ses travaux et il est devenu un monument de notre culture.

Mais saviez-vous que Einstein avait toutes les qualités classiques d'une personne introvertie ? Outre sa passion à apprendre seul, Einstein s'était construit son propre monde. C'est la richesse de ce dernier qui l'a mené à découvrir la théorie de la relativité. Sa capacité à rester concentré l'a également aidé à progresser avec brillance.

De nombreuses rumeurs affirment qu'Einstein était dyslexique, qu'il souffrait de troubles de la parole, était légèrement autiste ou schizophrène. Ces rumeurs ont toutes été démontrées comme étant fausses. Einstein était parvenu à maîtriser plusieurs langages, de nombreuses disciplines scientifiques et à jouer du violon. Sa capacité à apprendre ne pouvait pas être remise en question.

On considère qu'une personne est autiste si elle s'isole socialement, manque d'empathie à l'égard des autres et ne parvient pas à établir de relations sociales normales. Einstein avait de nombreux amis et ne manquait pas de compassion pour ses pairs. Son problème était qu'il préférait travailler seul, mais cela ne faisait pas de lui un autiste.

« La vraie preuve de l'intelligence n'est pas la connaissance, mais l'imagination. »

– Albert Einstein

Quelques conseils utiles pour les entrepreneurs introvertis

IL SEMBLE EXISTER UNE certaine croyance selon laquelle les introvertis ne peuvent pas rencontrer un succès comparable à celui de leurs pairs extravertis en matière d'entrepreneuriat ou dans l'occupation de postes de direction. Les introvertis ont besoin de temps pour prendre des décisions et sont physiquement et mentalement drainés après de longues réunions. Nombre d'introvertis se retrouvent pourtant chez les entrepreneurs les plus brillants, notamment Bill Gates ou Mark Zuckerberg.

Comment cela est-il possible ?

Les introvertis possèdent leurs propres qualités qui, si cultivées correctement, peuvent leur permettre d'atteindre les sommets de la réussite. L'exemple d'un jeune garçon né en 1901 à Chicago, en Illinois, n'en est qu'une illustration parmi tant d'autres.

Ce garçon avait eu une enfance difficile. Son père était violent et infligeait des châtiments corporels si sévères que ses frères s'étaient tous enfuis du foyer familial. Le jeune garçon vivait dans son monde rempli d'illustrations, de dessins, d'animations et de portraits. Dès l'âge de 4 ans, il vendait ses propres œuvres à ses voisins. Son père n'y portait guère attention, voyant dans le talent de son fils un simple passe-temps d'enfant qui ne le mènerait nulle part.

Quelques années plus tard, notre protagoniste eut l'audace de quitter le lycée pour poursuivre une carrière dans le monde de l'animation. Il travailla brièvement pour une agence de presse qui finit par se séparer de lui en raison de son « manque d'imagination et d'idées ».

Un matin, tandis qu'il se trouvait dans un train en direction de New York, le garçon maintenant devenu homme eut l'idée d'un dessin représentant une souris géante habillée d'un short. Il était persuadé qu'il tenait là le concept d'un personnage de dessin animé capable de rencontrer le succès. Pourtant, aucune banque n'accepta de financer son projet, trouvant cette idée particulièrement absurde. Près de 300 établissements lui tournèrent le dos, mais cela ne le découragea pas.

Cette histoire vous fait-elle penser à quelque chose?

Quel homme aurait le courage le continuer après avoir essuyé 300 refus? C'est le genre de personne qu'était Walt Disney alors qu'il venait d'imaginer Mickey Mouse.

« *Tous nos rêves peuvent devenir réalité, si nous avons le courage de les poursuivre* », affirmait-il. Bien qu'il eût enchaîné les échecs, il n'abandonna jamais. Comme tous les introvertis, Walt Disney croyait au pouvoir de la persévérance.

En 1927, Walt Disney et son équipe créèrent un personnage connu sous le nom d'« Oswald le lapin chanceux », mais une clause du contrat transféra ses droits d'exploitation aux distributeurs, phénomène courant dans le milieu de l'animation. Walt Disney ne fut jamais crédité pour la création de ce personnage. Les distributeurs allèrent même jusqu'à lui voler son équipe, à l'exception de son ami Ube Iwerks. Disney était dévasté, mais déclara que « *Jamais plus je ne travaillerai pour quelqu'un d'autre.* »

Entrepreneur à succès, Walt Disney apprit de ses erreurs. Avant le lancement public de Mickey Mouse, il s'était assuré d'être seul à posséder les droits de ses personnages.

« Une souris géante sur nos écrans serait terrifiante pour les femmes », fut la seule réaction des studios MGM lorsque Walt leur demanda de distribuer les films de Mickey en 1927. Aujourd'hui, la marque Mickey Mouse représente 1 milliard de dollars. Une souris avait réellement réussi à lancer la carrière incroyable de Disney.

En 1940, Pinocchio représentait un projet particulièrement onéreux pour les studios. Disney investit plusieurs millions afin de modifier l'histoire et ajouter des effets spéciaux et sonores. Au final, Pinocchio engendra une perte estimée en millions de dollars après sa sortie au cinéma.

En 1942, Bambi sortit sur les écrans. La scène la plus poignante et la plus inoubliable, qui représente la mort de la mère de Bambi, était alors considérée amusante. Walt en tira la conclusion que la Seconde Guerre mondiale n'était pas la période la plus propice à la sortie d'un film sur l'amour de la nature.

Dans sa vie personnelle, Walt souffrait de crises de colère, de frustration immense et de dépression. À certains moments, son avenir lui semblait extrêmement sombre et incertain. Il avait pourtant une vision, qui le mènerait à la création de Disneyland.

Bien qu'il ait eu une relation particulièrement dysfonctionnelle avec son père, Disney était déterminée à créer *« l'endroit le plus joyeux sur Terre »* pour les parents et leurs enfants. Il lui fallut près de 7 ans pour finaliser ce projet. Il poursuivit ensuite par la création de parcs aquatiques, d'hôtels et de stations de vacances. Disney restait concentré sur l'ensemble de sa vision, sans se contenter de peu.

Il admit être « mort de trouille » chaque fois qu'il devait faire face à une caméra pour présenter les épisodes de sa série « Disneyland » à la télévision. Pourtant, rien de cela n'aurait pu l'empêcher de poursuivre ses ambitions. Il avait vu de nombreuses choses au cours de sa vie : la pauvreté, la dépression, le vol d'idées, la mort de sa mère qu'il aimait beaucoup, les moqueries à l'égard de ses inventions, etc.

Disney gagna au total 26 oscars, un record toujours inégalé dans l'histoire de l'Académie. Il reçut 22 récompenses pour 59 nominations dans diverses compétitions. Il détient également le record du plus grand nombre de nominations et de victoires dans l'histoire du cinéma.

Malheureusement, Walt Disney mourut en 1966 d'un cancer du poumon, mais son entreprise représente toujours plusieurs milliards de dollars et reste un géant imbattable.

Disney a prouvé qu'un entrepreneur à succès doit avoir 3 qualités essentielles : la vision, la capacité à apprendre de ses erreurs et la détermination de ne jamais abandonner, peu importe les circonstances.

« C'est assez amusant de réaliser l'impossible. »
– Walt Disney

III : Vivre ses rêves

VOTRE EMPLOI ACTUEL vous rend-il heureux?

Avez-vous l'impression d'être sous pression ou que votre job ne correspond pas à votre tempérament?

Perdre votre emploi serait une bonne ou une mauvaise chose?

Dans cette dernière partie, je vous raconte l'histoire d'une introvertie qui a changé de carrière pour faire de nouveaux choix en accord avec son caractère. Bien sûr, cette histoire ne doit pas être interprétée comme un conseil pour votre propre carrière.

Qu'est-ce qui est plus important : le bonheur et l'amour ou l'argent et le stress ?

MARTHA TRAVAILLAIT pour le département marketing d'une petite entreprise. Son emploi lui garantissait un salaire décent et de nombreux avantages. Elle était persuadée que ce job était parfait pour elle.

Il y avait pourtant un problème. Cet emploi ne correspondait pas du tout à sa nature introvertie. Les employés qui recevaient les éloges de leurs supérieurs étaient toujours ceux qui parlaient fort et vite, qui savaient se montrer agressifs et aimaient monopoliser l'attention.

Martha effectuait son travail avec discrétion, en retrait, et on considérait qu'elle n'avait pas l'esprit d'équipe. Elle devait supporter le comportement abusif et les longues tirades pleines de reproches de ses supérieurs qui n'hésitaient pas à la ridiculiser et l'insulter ouvertement. Martha se sentait un peu plus anéantie chaque jour qu'elle travaillait.

À l'origine pleine d'enthousiasme, Martha partait désormais travailler les larmes aux yeux. Elle essaya de discuter de cette situation infernale avec ses collègues, qui lui conseillèrent d'accepter le comportement de ses patrons.

« Ton supérieur fait des histoires, mais il ne fait pas ça contre toi. C'est l'une des personnes les expérimentées de notre industrie et je suis certain que tu apprendras beaucoup grâce à lui », affirma un collègue de Martha.

« C'est comme ça que notre industrie fonctionne. Cela fait partie de la discipline qui doit être inculquée aux employés. Et c'est toujours mieux que ce qui peut se passer ailleurs » rebondit un autre.

« Pourquoi ne pas démissionner et trouver un boulot qui te correspond davantage? » suggéra un troisième.

Martha ne savait plus qui écouter. Elle avait des difficultés à trouver le sommeil après ses journées de travail de 12-14 heures. Tandis qu'elle effectuait le trajet qui la menait à son travail, elle pouvait sentir sa tête tourner. Ses mains tremblaient quand elle parlait avec ses supérieurs ou ses collègues. Son dos la faisait souffrir. Elle se sentait épuisée. Elle qui pratiquait toutes sortes de sport au collège n'avait plus la force de rien. Martha ne le savait pas, mais elle montrait les premiers signes d'une dépression nerveuse.

« Que se passerait-il si je perdais mon emploi? » La question la hantait.

Le jour arriva où cette crainte se matérialisa. On lui demanda de rassembler ses affaires et de trouver du travail ailleurs. Martha était à la fois soulagée de ne plus avoir à supporter l'abus de ses supérieurs et effrayée en pensant à son avenir.

Martha voulait prendre du temps pour elle. Elle avait entendu parler des bienfaits du yoga dans la gestion du stress et s'inscrivit dans un cours qui lui enseigna diverses positions ainsi que des exercices de respiration et de méditation. Le yoga l'aida non seulement à améliorer sa flexibilité, son équilibre et les muscles de son dos, mais aussi à découvrir sa vraie nature.

Martha comprit qu'elle n'était pas faite pour la jungle de l'entreprise où seuls survivent les plus agressifs et les plus arrogants. La vie était trop courte pour ce genre de préoccupations. Elle prit conscience que le but de sa vie était d'aider les autres à faire face à leurs problèmes physiques et mentaux. Elle souhaitait désormais apporter son aide à ceux qui se sentaient piégés par leur emploi et menacés par la dépression nerveuse, l'insomnie, les douleurs physiques. Le yoga l'avait ouverte à de nouvelles possibilités. Une nouvelle carrière s'offrait à elle.

Martha voulait enseigner le yoga. Après une formation de plus de 200 heures, elle obtint le certificat qui lui permit de réaliser son rêve. Elle réalisa qu'il lui serait plus facile de trouver du travail dans une petite ville plutôt que dans une grande métropole. Au milieu de montagnes enneigées bordées de pâtures vertes, Martha commença à enseigner le yoga à ses étudiants.

La vie ne fut pas facile pour autant. La jeune femme dut s'installer dans un petit appartement, se séparer de sa télévision et limiter ses sorties. Pourtant, elle était heureuse. Elle parvenait enfin à dormir le soir ; ses tremblements avaient disparu. Son dos ne la faisait plus souffrir et elle se sentait plus en forme que jamais. Elle était en paix avec elle-même.

« Quel était l'intérêt d'un boulot bien payé si tout cet argent n'allait servir qu'à payer les factures du médecin, parce que cet emploi détruisait ma santé? » se demandait Martha.

Le yoga avait réveillé son côté créatif, et elle souhaitait désormais se concentrer sur ses relations avec les autres tout en écoutant son cœur. Ses étudiants l'adoraient.

Martha pouvait sentir que l'argent suivrait rapidement.

Et que cet argent ne proviendrait pas de l'abus qu'elle exercerait envers ceux qui travailleraient pour elle, mais de l'affection et de l'intérêt qu'elle éprouvait pour les autres.

Remerciements

MERCI À MES CHERS PARENTS pour leur support sans limite et leur croyance en mes capacités, sans qui l'écriture de ce livre n'aurait pas été possible.

Clause de non-responsabilité

L'AUTEUR A ESSAYÉ DE recréer, lorsque nécessaire, des événements, lieux et conversations d'après ses souvenirs. Afin de garantir leur anonymat, l'auteur a changé les noms de certains individus, leur location, certains traits physiques et de caractère, leur emploi ou leur lieu de résidence.

QUIET PHOENIX: AN INTROVERT'S GUIDE TO RISING IN CAREER & LIFE

Best Seller #1 sur Amazon dans la catégorie Professions légales & éthique et Responsabilité professionnelle

Réveillez le phœnix qui sommeille en vous.

Progressez dans votre carrière. Aimez votre emploi.

Dans le premier tome de ses mémoires sur son travail au sein de l'un des cabinets d'avocats principaux en Inde, l'avocat d'affaires devenu auteur Prasenjeet Kumar partage ses expériences sans retenue ni censure.

Voilà ce qui fait de « Quiet Phoenix » un livre de 242 pages à la valeur inestimable :

Pour les étudiants en droit qui voient les cabinets d'affaires à travers leurs rêves de gloire ;

Pour les débutants qui viennent d'entrer dans ce monde et qui s'étonnent des longues heures de travail qui leur sont imposées ;

Pour les cadres qui ont besoin de se regarder dans le miroir pour réaliser qu'ils ont besoin de redevenir humains.

Ce livre, qui est le résultat de longues recherches et de réflexions profondes, s'intéresse également aux problèmes que rencontrent nombre d'introvertis :

Leurs collègues extravertis sont plus à même de se vendre et d'avancer dans leur carrière ;

Ils sont épuisés par les longues périodes de travail ;

Ils ne savent pas comment gérer ceux qui les tyrannisent au travail ;

Ils ne peuvent pas supporter que leurs collègues leur volent leurs idées ;

Ils ne peuvent pas croire que leurs supérieurs pratiquent le favoritisme ;

Ils ne peuvent pas envisager qu'un de leur collègue soit prêt à se retourner contre eux sans aucune provocation.

En se référant à des incidents et des expériences de tous les jours auxquels chacun, et pas seulement les avocats, peuvent s'identifier, *Quiet Phoenix* est une source d'inspiration pour vous aider à trouver votre propre plan d'action.

Les personnages de ce livre vous rappelleront immédiatement quelqu'un avec qui vous travaillez.

Il y a le supérieur, M. Accro Otravailtard, qui adore laisser son équipe se tourner les pouces toute la journée pour mieux leur imposer des dossiers en fin d'après-midi et les obliger à travailler toute la nuit.

Mme Associée Senior, qui bien qu'étant débutante agit comme si elle pouvait diriger tout le monde.

Vient ensuite Mlle Reine de Lagaffe, qui essaie de gravir les échelons en prouvant que tout ce qu'elle fait est parfait et que ce sont les autres qui font des erreurs.

Toute cette troupe est dirigée par M. Suceur de Sang, qui ne doit sa place qu'au seul fait d'être le fils du fondateur.

Comme le phœnix légendaire renaît de ses cendres, *Quiet Phoenix* aide les introvertis à se relever en se rappelant que l'introversion n'est PAS un handicap et qu'il ne faut pas en avoir honte. En réalité, les introvertis ont de merveilleuses capacités de concentration, d'écoute, et une aptitude à forger des relations profondes avec leurs clients et leurs amis.

***Quiet Phoenix* est une histoire incroyable** partagée par Prasenjeet Kumar avec charme et intelligence, celle d'un avocat d'affaires devenu auteur-entrepreneur à temps plein en utilisant son introversion pour surmonter tous les obstacles.

QUIET PHOENIX 2: FROM FAILURE TO FULFILMENT: A MEMOIR OF AN INTROVERTED CHILD

#1 des ventes des ventes Amazon dans la catégorie Biographies & mémoires > Professions & études > Enseignements

Célébrons la discrétion : un livre impératif pour tous les parents, enseignants, entraîneurs sportifs...

Prasenjeet Kumar, auteur de *Quiet Phoenix*, best seller #1 des ventes dans la catégorie Nouveautés, nous offre un second tome que toute personne amenée à travailler avec un enfant introverti se doit de lire.

Tout comme le phœnix qui renaît de ses cendres et guérit ses blessures grâce à ses larmes est un symbole d'espoir et d'optimisme, l'enfant introverti est doté de persévérance, de créativité et d'une grande discipline ; envieux d'apprendre, il jouit d'une intelligence émotionnelle remarquable et d'un sens moral sans reproches.

Des qualités souvent oubliées

Les introvertis sont souvent incompris de tous.

Les parents s'inquiètent de voir leur enfant passer son temps dans la solitude, probablement en train de rêvasser.

Les professeurs présument qu'un enfant qui répond difficilement à leurs questions souffre d'un handicap social ou intellectuel.

Les enfants introvertis se font difficilement des amis, leurs camarades les voyant souvent comme étant « bizarre », « rude » ou « arrogant ».

On les considère trop susceptibles face aux commentaires désagréables et aux moqueries.

Certains leur reprochent leur manque de volonté à répondre aux agressions du monde qui les entoure.

De manière générale, les enfants introvertis semblent être décontenancés par tous les aspects de la vie dans les écoles bruyantes et immenses.

Conseiller à ces enfants d'être plus avenants, sociables ou actifs semble être contreproductif.

Ce genre de mesure semble au contraire entraîner une perte de confiance en soi et un isolement d'autant plus important chez ces enfants.

À travers des fables, des anecdotes et des incidents inspirés par sa propre enfance, l'auteur de *Quiet Phoenix 2 : From Failure to Fulfilment* nous rappelle que demander à un enfant introverti d'agir contrairement à sa nature revient à demander au jeune phœnix d'agir comme un aigle.

Chaque enfant nait avec des qualités uniques. Le défi pour leurs parents, leurs enseignants et leurs proches et d'apprendre à reconnaître, nourrir et encourager ces dons afin que tous les enfants, qu'ils soient discrets ou loquaces, puissent réussir dans la vie.

Quiet Phoenix 2 : From Failure to Fulfilment cherche sincèrement à aider ceux qui travaillent des enfants discrets à chérir et célébrer ces derniers pour ce qu'ils sont.

Pour les aider à surmonter tous les obstacles, pour les aider à trouver le chemin du bonheur et laisser derrière eux les souvenirs douloureux de l'isolement ; pour faire d'eux des gagnants.

Comme le phœnix qui renaît de ses cendres.

Avec des personnages inspirés de la vraie vie comme Miss Bons Points, M. Ferrari Bruyante et Miss Voleuse de Crayons, ce livre est destiné à tous ceux qui veulent comprendre comment obtenir le meilleur de l'introversion dans un monde extraverti — parents, professeurs, entraîneurs sportifs...

Et, si vous êtes vous-même un adulte introverti, ce livre pourra vous aider à mieux comprendre qui vous êtes, vos actions passées et ce que vous attendez de l'avenir.

Alors qu'attendez-vous?

Livres de l'auteur dans d'autres genres

(D'APRÈS LES RECETTES de Sonali Kumar, mère de l'auteur)
HOW TO CREATE A COMPLETE MEAL IN A JIFFY
Un livre de cuisine qui ne ressemble à aucun autre

Un livre de cuisine pas comme les autres, qui vous est proposé par le site populaire www.cookinginajiffy.com[1] et l'auteur de 4 livres de cuisine à succès sur Amazon, ne se focalise pas sur les recettes.

Ce livre veut vous apprendre à préparer un repas complet en 30 minutes.

Comment cela est-il possible?

Grâce à une organisation séquentielle et une mise en œuvre parallèle de vos actions, selon l'auteur Prasenjeet Kumar.

Si vous n'avez aucune idée de la manière dont vous pouvez utiliser ces deux éléments pour gagner du temps, vous vous trouvez au bon endroit.

Dans ce sens, le livre présente 40 plats regroupés en 10 menus composés de : 2 concepts de petit-déjeuner, 4 plats indiens, un repas thaïlandais, un repas japonais et 2 plats occidentaux.

---

1. http://www.cookinginajiffy.com/

HOME STYLE INDIAN COOKING IN A JIFFY

#1 des ventes Amazon dans les catégories Cuisine indienne et Cuisine professionnelle

En vous proposant plus de 100 recettes de plats indiens délicieux, qui pour la plupart ne vous sont pas accessibles dans les restaurants, ce livre ne ressemble à aucun autre. Ce recueil s'intéresse à ce que les Indiens mangent tous les jours, depuis le confort de leur foyer. Ces recettes décrites étape par étape lèvent le voile sur les mystères de la cuisine indienne et rendent cette dernière accessible à tous ceux qui connaissent les bases de la cuisine et sont prêts à découvrir de nouvelles saveurs.

Dans ce second tome de sa série *How to cook in a jiffy,* Prasenjeet Kumar, avocat d'affaires reconverti en gourmet, explore les particularités de cette cuisine « maison » qui ne ressemble en rien à ce que peuvent proposer les restaurants. Dans un style unique et autobiographique, tout commence par sa quête de nourriture indienne dans les rues de Londres, la surprise qu'il a pu éprouver en réalisant que ses amis européens ne font pas de différence entre les plats cuisinés chez eux ou dans les restaurants et la réalisation que deux plats indiens seront complètement différents selon qu'ils auront été préparés par un restaurant ou dans la chaleur d'une maison familiale.

Vous aimerez ce livre si :

Vous êtes un Indien qui souhaite retrouver le goût de sa cuisine natale qu'importe l'endroit où il se trouve, même en Inde ;

Vous êtes un Indien, doué pour la réalisation de plats régionaux, mais désireux d'en apprendre plus sur les traditions culinaires des autres régions ;

Vous n'êtes PAS un Indien, mais vous aimez la cuisine indienne et souhaitez être guidé dans l'usage des montagnes d'épices utilisées par les Indiens, et apprendre à manier les huiles et les piments pour parfaire vos plats.

D'après un lecteur anonyme du Top 100 Amazon, « Le livre Home style indian cooking in a jiffy de Prasenjeet Kumar fourmille d'éléments précieux. Chaque recette renvoie à une table des matières interactive qui facilite énormément la navigation. Des photos en couleur illustrent les recettes. Mais ce qui reste le plus appréciable est la manière dont Kumar donne des informations sur la façon d'organiser sa cuisine, explique brièvement le rôle des différentes épices indiennes avant de parler longuement de la cuisine de son pays.

Ses recettes peuvent être réalisées par les moyens les plus standards ou en utilisant un autocuiseur (si nécessaire). Ses instructions restent claires, peu importe la méthode... »

HOW TO COOK IN A JIFFY EVEN IF YOU HAVE NEVER BOILED AN EGG BEFORE

Top 5 des meilleures ventes Amazon dans la catégorie Cuisine pour un

How to cook in a Jiffy est le livre de cuisine le plus simple au monde, par l'auteur du site populaire www.cookinginajiffy.com[2]

Vous n'avez jamais fait cuire un œuf, mais vous voulez découvrir les subtilités de la cuisine? Si oui, ne sortez pas de chez vous sans ce guide de survie. Qu'il s'agisse de cuisiner sainement à l'université, cuisiner pour vous seul ou même à l'extérieur, ce livre va vous aider à surmonter facilement toutes les situations.

Ce recueil va également vous apprendre à cuisiner de manière « séquentielle et parallèle », permettant ainsi aux plus pressés de réaliser des menus de 3 ou 4 plats en seulement 30 minutes.

Ce livre est amusant et agréable à lire grâce à l'auteur qui raconte ses propres débuts et déboires dans l'art délicat de la cuisine avec charme et humour.

Selon l'avis du lecteur Amazon B.Farrell, « Ce livre est instructif pour ceux qui découvrent la cuisine. Il pourrait être un bon cadeau pour une jeune mariée qui ne connait rien à la cuisine ou pour toute personne seule qui doit se débrouiller. »

---

2.   http://www.cookinginajiffy.com/

HEALTHY COOKING IN A JIFFY: THE COMPLETE NO FAD NO DIET HANDBOOK

#1 des Nouveautés Amazon dans la catégorie Santé, forme & nutrition > Régimes spéciaux > Santé

#3 des ventes dans la catégorie Santé, forme & nutrition > Régimes spéciaux > Santé

Si vous êtes déjà demandé comment être en forme sans faire régime, sans manger d'aliments spéciaux, prendre des hormones ou avaler la moindre pilule, potion ou supplément, vous êtes au bon endroit.

Sans se soucier d'avoir l'air vieux jeu, Parsenjeet Kumar (du site www.cookinginajiffy.com[3] et auteur de la série de livres How *to cook in a jiffy*) affirme qu'il ne croit pas qu'il soit nécessaire de suivre un régime particulier pour vivre sainement. Dans ce livre, il recommande de ne pas suivre de régime pauvre en glucides et riche en protéines, de régime pauvre en gras, de régime végétalien (à moins que celui-ci ne corresponde à votre philosophie) ou tout régime rapide. Sa propre expérience l'a mené à découvrir que ce type de régime faisait plus de mal que de bien.

L'auteur recommande de revenir aux bases d'un régime équilibré. Le livre vous propose une montagne de recettes qui vous donnent une idée de ce que vous pouvez manger pour atteindre vos objectifs tout en mangeant convenablement. Vous trouverez des idées sur la manière dont vous pouvez cuisiner avec goût et simplicité vos légumes, pâtes, poulets, poissons, milk shake (même si vous détestez le lait), des recettes de petit-déjeuner, de déjeuner et de dîner ainsi que des recettes asiatiques pour réveiller votre palet.

---

3.   http://www.cookinginajiffy.com/

Ce livre vous propose également quelques recettes pour des plats à la mauvaise réputation tels que des gaufres, crêpes, tartines, lasagnes ou moussaka d'agneau. Pourquoi? Parce que le goût merveilleux de ces plats vous rendra heureux, et être heureux (et plein de sérotonine) représente plus de la moitié du chemin vers une forme parfaite. Et puis, comme le rappelle l'auteur, une personne attentive ne consommera ces plats que rarement, pour varier de la monotonie habituelle.

L'auteur ne croit pas dans le décompte des calories dans son régime — ses recettes. Selon lui, ce décompte peut vous rendre fou. Ce livre fait honneur à cette croyance et refuse de fournir toute valeur calorique. Si vous souhaitez néanmoins compter les calories, vous pouvez le faire en ayant recours aux nombreux outils disponibles sur internet.

Ce livre s'achève par des conseils visant à vous contenter de six petits repas par jour, peu importe votre emploi du temps, et comment vous entraîner régulièrement même sans aucun amour du sport. Des astuces pour congeler et conserver vos aliments ainsi que pour apprendre à vous organiser de manière séquentielle et parallèle vous aideront à gagner du temps lors de la préparation de vos repas.

Alors, si vous n'en pouvez plus de suivre des régimes, compter les calories ou vous goinfrer de suppléments, pensez à vous procurer ce livre pour apprendre à cuisiner intelligemment et découvrir le chemin de la joie et du bonheur.

THE ULTIMATE GUIDE TO COOKING LENTILS THE INDIAN WAY

#1 des ventes Amazon dans la catégorie Riz & grains

58 recettes délicieuses pour cuisiner vos lentilles en soupes, currys, collations, repas complets et — attention ! – desserts ! Comme seuls les Indiens savent le faire.

Écrit par l'auteur du bestseller #1 *Home style indian cooking in a jiffy*.

Ce livre est le recueil de recettes végétariennes protéinées ultime.

Nous savons tous que les lentilles, qui sont la source de protéines la plus économique et la plus versatile au monde, ont toujours été cultivées et consommées.

Les lentilles sont mentionnées dans des livres anciens comme la Bible, la Coran ou les Vedas.

Les lentilles étaient si importantes lors des longues expéditions en mer que les Romains donnèrent à leurs empereurs le nom de légumes communs : Lentulus (lentille), Fabius (fève), Piso (pois) et Ciceron (pois chiche).

Pourtant, les lentilles ont quasiment été oubliées par le monde moderne post-20ème siècle, du fait de la grande distribution des viandes rouges et de l'apparition du fast-food.

Aujourd'hui, grâce aux scientifiques et aux experts d'organisations comme la Clinique Mayo, nous savons que les lentilles sont meilleures que la viande.

Les lentilles sont les meilleurs aliments au monde.

Les lentilles sont bonnes pour la santé cardiaque : elles contiennent d'importantes doses de folates et de magnésium, tous deux bénéfiques pour votre cœur.

Les lentilles vous apportent le fer nécessaire à votre énergie : elles sont riches en fer, un élément vital pour la production d'énergie et le métabolisme de votre corps.

Les lentilles sont faibles en cholestérol : contrairement aux viandes rouges, les lentilles sont pauvres en graisses, en calories et en cholestérol. Elles sont également relativement faibles en acide oxalique et autres éléments qui favorisent la formation de calculs dans les reins et peuvent causer la goutte, une affliction douloureuse des articulations.

Les lentilles sont riches en fibres : si vous recherchez un moyen de lutter contre la constipation, essayez les lentilles qui contiennent beaucoup de fibres, solubles et insolubles.

Les Indiens cuisinent les lentilles comme personne d'autre.

Quasiment chaque menu indien propose un plat à base de lentilles, en servant une soupe, un curry, une collation ou un dessert. L'expertise des Indiens à cuisiner les lentilles avec tout ce qui est imaginable est vieille de plusieurs centaines d'années.

En comparaison, la plupart des livres de recettes occidentaux proposeraient de cuisiner les lentilles avec du fromage, des hamburgers, des saucisses ou d'en faire des ragoûts.

Il ne faut pas oublier les salades de lentilles ou le repas populaire parmi les étudiants des haricots baignant dans la sauce tomate, ou l'humus de l'ouest de l'Asie, sans lequel tout repas libanais serait incomplet.

Vous pouvez tout à fait apprécier les lentilles de cette manière.

Mais si vous souhaitez sortir de vos habitudes et embarquer pour une aventure culinaire, vous devez vous intéresser à la cuisine indienne.

The Ultimate Guide to Cooking Lentils the Indian Way vous propose de savourer 20 des recettes les plus populaires dans les foyers indiens, 10 currys, 6 plats de lentilles cuisinées avec du riz, 11 collations, 3 kebabs, 3 parathas fourrés aux lentilles et 5 desserts.

Il est dit que sans farine de Sattu ou de pois chiches grillés pour les nourrir au cours de leurs longues expéditions, les moines bouddhistes n'auraient jamais pu parvenir jusqu'en Afghanistan, au Tibet et en Corée pour y partager les idées du bouddhisme

Et vous ne croyez toujours pas au pouvoir de la tradition indienne des lentilles?

Contactez-moi

J'AIMERAIS BEAUCOUP discuter avec vous sur les réseaux sociaux. Rejoignez-moi sur :

Facebook[1]

Twitter[2]

Google Plus[3]

Goodreads[4]

E-mail : prasenjeet@publishwithprasen.com

Traduction :

Camille Baheux, Evelyne Louison

Visitez www.camillebaheux.com[5] pour toute information relative aux travaux de traduction, édition ou rédaction ou contactez-moi directement via l'adresse camille@camillebaheux.com

---

1. https://www.facebook.com/prasenjeet.kumar.925

2. https://twitter.com/PublishWithPras

3. https://www.google.com/+PrasenjeetKumarAuthor

4. https://www.goodreads.com/prasenjeet

5. *http://www.camillebaheux.com*

À propos de l'auteur

PRASENJEET KUMAR EST l'auteur d'une vingtaine de livres dans quatre domaines différents : romance-fiction, motivation pour les introvertis (avec la série Quiet Phoenix), conseils sur la publication indépendante (avec la série Self-Publishing Without Spending a Dime) ainsi que des livres de cuisine (avec la série Cooking in a jiffy). 25 de ces livres ont déjà été traduits en français, japonais, espagnol, portugais, italien et allemand.

Prasenjeet est diplômé en droit de l'University College London (2005-2008), à l'Université de Londres et diplômé en philosophie avec mention de l'Université St. Stephen (2002-2005) de l'Université de Delhi. Il possède également un diplôme en pratique juridique (legal practice course, LPC) de l'Université de droit de Bloomsbury de Londres.

Prasenjeet aime la nourriture fine, la musique, le cinéma, le golf et les voyages. Il s'est déjà rendu dans 17 pays incluant le Canada, la Chine, le Danemark, l'Allemagne, Hong Kong, l'Indonésie, Macau, la Malaisie, Sharjah, la Suisse, la Thaïlande, la Turquie, le Royaume-Uni, l'Ouzbékistan et les États-Unis.

Prasenjeet est un autodidacte, qui brille dans les domaines du design, de l'écriture et de l'édition. Il tient fièrement les sites http://www.cookinginajiffy.com/qu'il a dédié à sa mère et http://www.publishwithprasen.com sur lequel il partage ses astuces sur l'autopublication.

www.ingramcontent.com/pod-product-compliance
Lightning Source LLC
Chambersburg PA
CBHW021340160726
47994CB00007B/2780